# HENRY CISNEROS

Henry Cisneros, haciendo uso de la palabra durante la
Convención Nacional Democrática en San Francisco en 1984.

# HENRY CISNEROS
## Alcalde méxico-americano

**por Naurice Roberts**

Traductor: Roberto Franco
Consultante: Dr. Orlando Martinez-Miller

 CHILDRENS PRESS ®

CHICAGO

Portada: Alcalde Henry G. Cisneros

p. 3 De izquierda a derecha: Helen Ayala, presidente de C.O.P.S.; Henry Cisneros, alcalde de San Antonio, Texas; y María Berrizobal, miembro del consejo municipal, en una sesión de planificación para el distrito de Vista Verde Sur.

Fotografías:

Wide World Photos—1, 29

Journalism Services/©Oscar Williams—Portada: 2, 3, 6 (izquierda), 14, 15, 17, 18, 19 (2 fotos), 20 (3 fotos), 22, 23, 24 (2 fotos), 25, 26, 31, 32

Cortesía de la escuela secundaria Central Catholic Marianist H.S.—5, 10 (2 fotos)

UPI/Bettman Newsphotos—27 (2 fotos), 29, 30

San Antonio Convention and Visitors Bureau—6 (derecha), 7, 8 (2 fotos)

Universidad de Texas A & M—13, (2 fotos)

**Library of Congress Cataloging-in-Publication Data**

Roberts, Naurice.
  Henry Cisneros: Alcalde mexicano-americano.

  Traducción de: Henry Cisneros: Mexican-American mayor.
  Resumen: Biografía del joven alcalde mexicano-americano de San Antonio quien se consideraba en 1984 como posible candidato para vicepresidente de los Estados Unidos.
    1. Cisneros, Henry—Literatura juvenil. 2. Alcaldes—Texas—San Antonio—Biografía—Literatura juvenil.
3. San Antonio (Texas)—Política y gobierno—Literatura juvenil. [1. Cisneros, Henry. 2. Alcaldes 3. Mexicano-americanos] I. Título. II. Serie.
F394.S2C567 1986      976.4'351063'0924   [B] [92]   85-29057
ISBN 0-516-53485-8   Paperbound
ISBN 0-516-33485-9   Library Bound

Fotografía de la clase de 1964

¿Quién es Henry G. Cisneros y por qué se le da tanta importancia?

Henry Cisneros es el primero. Es el primer norteamericano de descendencia mexicana que fue electo alcalde de una ciudad importante—San Antonio, Texas. Mucha gente cree firmemente en que Henry Cisneros es uno de los políticos más jóvenes e inteligentes de los Estados Unidos en la actualidad.

Henry Cisneros es alcalde, de la décima ciudad en tamaño de los Estados Unidos. A pesar de sus edificios modernos, San Antonio conserva el encanto del viejo mundo.

Los mariachis tocan a orillas del Paseo del Río, en la Fiesta de San Antonio, que dura diez días.

Henry se enorgullece de su herencia mexicana. Su abuelo, don José Rómulo Munguía y Torres, cruzó el Río Bravo del Norte (o Río Grande), para emigrar de México a los Estados Unidos, en 1926. Se radicó en San Antonio, Texas. Como inmigrantes que llegaron antes y después que él, el señor Munguía vino a los Estados Unidos en busca de una vida mejor para su familia.

Trabajó duro y, con el tiempo, compró una pequeña casa en la sección oeste de San Antonio.

7

En 1944, la hija del señor Munguía, Elvira, conoció a George Cisneros, un amigo de su hermano del ejército. Seis meses después se casaron. Dos años más tarde, el 11 de junio de 1947, nació Henry Gabriel Cisneros.

Henry creció en el barrio hispánico, de clase media y agradable, donde vivía su abuelo. Todos los vecinos eran buenos amigos. Siempre se ayudaban mutuamente. Se reunían a menudo para celebrar los días de fiesta y otras ocasiones especiales.

Por cuatro noches durante la Fiesta de San Antonio, el distrito histórico de La Villita (izquierda) se convierte en una feria cultural. La Escaramuza, un equipo femenil de caballistas (arriba) constituido por señoritas de los 12 a los 18 años de edad, participa en una charreada, o rodeo mexicano.

El abuelo de Henry les inculcó a sus hijos el orgullo de su herencia. A veces, los miembros de la familia se reunían para estudiar la cultura y la historia de México. Henry y sus hermanos—Pauline, George, Jr., Tina y Tim—escuchaban y aprendían.

Elvira y George Cisneros creían en la dedicación al trabajo y en una educación sólida. Querían que sus hijos tuvieran éxito en la vida. La señora Cisneros mantenía a sus hijos bien ocupados y alejados de los peligros. Todos tenían alguna cosa especial que hacer—aun durante las vacaciones de verano.

Los pasatiempos de Henry incluían armar modelos de aviones y tocar el piano. Escribía poemas y cuentos con sus hermanos. También le encantaba leer. Tanto le gustaba, que en un verano se leyó casi cincuenta libros.

Henry (primer asiento, segunda fila) tocaba trompa francesa en la banda de su escuela secundaria. Como líder de su fraternidad (de pie, arriba a la derecha) se interesaba en su propio desarrollo espiritual y en el de sus compañeros.

La familia Cisneros acostumbraba tener una larga charla después de la cena. George y sus hijos conversaban distintos temas, y de las noticias del día.

Henry era tan listo y activo, que saltó del segundo al cuarto año de primaria.

El futuro alcalde aceptó el reto que le ofrecían los estudios de la Central

Catholic High School. Estudiaba y aprendía todo lo que podía. Un profesor lo animó a que expresara sus ideas por escrito. Cuando el presidente John F. Kennedy fue asesinado en 1963, Henry tenía diez y seis años. Escribió un poema sobre la trágica muerte del joven mandatario. Su poema fue seleccionado como uno de los poemas más sobresalientes de todos los escritos en las escuelas secundarias de San Antonio, y está en un libro especial de poesía.

Henry se distinguió fuera de la sala de clase. Tocaba la trompa francesa y era oficial ejecutivo del "ROTC". Pensaba dedicarse a la carrera militar como su padre, que era coronel, pero la universidad tenía prioridad. Después de graduarse, ingresó en la Universidad de Texas A & M.

Pronto se convirtió en miembro de

la mesa directiva de su clase, y fue
aclamado el mejor cadete de su unidad
del ROTC. A Henry le gustaba la
universidad. Al principio, se divirtió
a sus anchas. Una vez, uno de sus
profesores lo reprendió porque no
obtenía buenos grados. Henry tuvo
que repetir un curso. Jamás volvió a
suceder eso. La próxima vez, el joven
cadete recibió puras "A's". Henry se
convirtió en un competidor serio. Su
nueva meta era ser el mejor de todos,
y su lema era "¡dedícate a lograrlo!"

Pensando en su futuro, Henry decidió
hacer carrera en el gobierno. Después
de su graduación, empezó a trabajar para
las ciudades de San Antonio y Bryan,
Texas. Más tarde trabajó para el Programa
de Ciudades Modelo de San Antonio.

Mientras trabajaba para este programa,
Henry se casó con su novia de la
secundaria, Mary Alice Pérez, el 1º de
junio de 1969.

Sin embargo, Henry decidió que no sabía lo suficiente acerca del gobierno, aunque había adquirido su maestría en la Universidad de Texas A & M. De manera que Mary Alice y él se trasladaron a la ciudad de Washington, D.C., donde Henry se matriculó en la Universidad de Georgetown. También empezó a trabajar para la Liga Nacional de Ciudades.

Allí aprendió sobre los problemas que tienen las ciudades, y cómo resolverlos. Tomó una decisión muy importante. Se hizo el propósito de algún día regresar a San Antonio y hacerse su alcalde. Pero primero, había mucho que hacer.

Washington, D.C., le fascinaba a Henry. Resolvió aprender todavía más acerca del gobierno. Por eso, solicitó ser miembro del programa especial llamado "White House Fellows". Si lo aceptaban, trabajaría en la Casa Blanca o con los miembros del gabinete. Esa era una gran oportunidad.

El alcalde Cisneros conduce una excursión de sitios disponibles para ser desarrollados por las empresas privadas.

Henry, trotando en compañía de su hijita Teresa

En 1971, Henry Cisneros fue aceptado como "Fellow" de la Casa Blanca. ¡Era una de las diez y seis personas seleccionadas de un grupo de tres mil! Ese mismo año nació Teresa, su hija.

Henry tenía que trabajar con Elliot Richardson, Secretario de Salubridad, Educación, y Bienestar Públicos. Se le presentaba una oportunidad para resolver problemas urbanos.

Elliot Richardson pensaba que Henry era un joven de talento y habilidad. Le gustaba y lo animó para que siguiera sus planes políticos.

Durante el último año como "Fellow" de la Casa Blanca, Henry viajó por Africa y Asia. De regreso a los Estados Unidos, decidió ampliar sus estudios, y se matriculó en la Universidad de Harvard, en Cambridge, Massachusetts. Después asistió al Instituto de Tecnología de Massachusetts, y dio clases allí. Recibió otra maestría y un doctorado, el grado universitario más alto.

En agosto de 1974, Henry y Mary Alice regresaron a su hogar. El doctor Cisneros fue nombrado catedrático adjunto de la Universidad de Texas en San Antonio. La familia Cisneros se instaló, poco tiempo después, en la modesta casa de madera, pintada de gris, que era del abuelo de Cisneros, en el antiguo barrio del oeste.

Mary Alice y Henry Cisneros admiran a la niñita de sus
vecinos, frente a su casa del barrio del lado oeste.

Todo estaba en un estado de confusión
cuando Henry regresó a su hogar. Los
méxico-americanos luchaban por obtener
poderío político. Los angloamericanos
que controlaban el gobierno municipal se
les oponían. Ninguno de los dos grupos
confiaba en el otro. Los hispanos
tenían el poder del voto—constituían
el grupo étnico más numeroso de la
ciudad. Ahora, querían elegir a uno
de los suyos a un cargo político.

Se buscaba a alguien en quien todos pudieran confiar. La gente se dirigió a Henry Cisneros. El tenía experiencia en asuntos de gobierno. Algunos creían que él no era la persona indicada para el cargo. Pero por fin se pusieron de acuerdo. Los hispanos apoyarían a Henry.

En 1975, Henry Cisneros se convirtió en el concejal más joven en la historia de San Antonio. Ese mismo año nació Mercedes Cristina, su segunda hija.

La familia Cisneros, de izquierda a derecha: Mercedes, Henry, Teresa y Mary Alice

Antes de ser alcalde, Henry sirvió seis años en el concejo municipal (derecha).

El nuevo concejal trabajó incansablemente para unificar a los habitantes de San Antonio. Siempre votaba por los programas que él consideraba como los mejores para la ciudad. La gente le tomó afecto. Les gustó tanto que lo reeligieron en 1977 y de nuevo en 1979.

Dedicados a sus hijos, Henry y Mary Alice incluyen a Teresa y a Mercedes en sus actividades públicas. Vistiendo una playera que proclama a San Antonio como "Ciudad americana por excelencia en 1983", Henry (arriba) juega al fútbol con los muchachos del barrio.

Habría elecciones para alcalde en 1981. Henry analizó sus planes políticos. Esta era una gran oportunidad que se le presentaba. Se decidió a lanzar su candidatura para alcalde de San Antonio.

Sus parientes, amigos de la infancia, líderes de sindicatos, la gente joven, la gente mayor, los trabajadores de la campaña política—todos se unieron para trabajar por Henry Cisneros.

Recabaron fondos, visitaron a los ciudadanos de puerta en puerta, los llamaron por teléfono, pronuciaron discursos y ayudaron con la correspondencia. Fue ardua la batalla, pero ¡Henry Cisneros salió triunfante! El día 4 de abril de 1981, se convirtió en el primer alcalde hispano de una de las grandes ciudades de los Estados Unidos. Tomó el juramento del cargo el día 1º de mayo.

El señor alcalde Cisneros estudia los mensajes telefónicos en su despacho.

El nuevo alcalde tenía que trabajar más duro que nunca. Habían quedado algunas rencillas después de las elecciones. Continuó sus esfuerzos para unificar a todos los ciudadanos.

Henry prometió crear empleos para la gente y atraer a la ciudad nuevas industrias tecnológicas. Esto era parte de su programa de desarrollo económico. San Antonio, igual que otras ciudades de los Estados Unidos, necesitaba esa ayuda.

A fin de poder atraer nuevas empresas a la ciudad, el alcalde
Cisneros tiene que viajar fuera de su estado, para pronunciar
discursos y asistir a juntas con los futuros inversionistas.

El alcalde Cisneros lleva al señor Andrew Young, alcalde de la
ciudad de Atlanta, Georgia, a dar un paseo por el "Paseo del Río".

En 1983, Henry fue reelecto por una
gran mayoría de votos. Había cumplido
sus promesas. Las cosas andaban mejor
en la ciudad. La gente convivía mejor.

Para esas fechas, todo el país
hablaba del joven alcalde méxico-
americano de San Antonio. Lo invitaban
a pronunciar discursos, a dirigirle la
palabra al Congreso, así como a
distintos grupos cívicos de todo
el país.

El alcalde Cisneros contesta las preguntas de los reporteros durante la Convención Democrática en 1984.

Los reporteros y escritores de periódicos, revistas, estaciones de televisión y de radio, todos querían entrevistarlo. Se había convertido en una figura nacional. Henry estaba más ocupado que nunca. Aun con sus deberes de alcalde, continuó enseñando en la universidad.

El año de 1984 resultó ser muy emocionante para el alcalde Cisneros. Estaba cada día más envuelto en la

política nacional. Walter Mondale,
quien era el candidato a la presidencia
del país, se contaba entre sus amigos.
Le pidió a Henry que hablara en la
Convención Nacional Democrática, y que
trabajara con los delegados hispánicos.

Henry pronunció un buen discurso.
Más tarde, Walter Mondale le pidió que
hablara en una conferencia de prensa.
El alcalde de San Antonio estaba siendo
entrevistado para el cargo de
vice-presidente de los Estados Unidos.

Después de una entrevista, Henry y Walter Mondale,
el candidato presidencial del Partido Democrática,
conversan con los periodistas. Más tarde, la familia
Cisneros posó con el señor Mondale (arriba, a la
izquierda) y con su esposa Joan (arriba, a la derecha).

El candidato presidencial Mondale andaba buscando un candidato a la vice-presidencia que pudiera atraer votos en cada uno de los cincuenta estados. Quedó muy bien impresionado con Henry Cisneros. El señor Mondale invitó a Henry y a su familia a que lo visitaran en su casa, en Minnesota. Esto constituía un gran honor. Henry y el señor Mondale conversaron en privado. El era el primer y único méxico-americano que había sido considerado para la vice-presidencia.

Sin embargo, el alcalde no fue seleccionado. Quedó en segundo lugar. La congresista Geraldine Ferraro contendió para vice-presidente con Walter Mondale. (Ella fue la primera mujer seleccionada para contender para ese cargo).

Henry hizo campaña por Mondale y Ferraro, pero perdieron sus candidatos. El presidente Reagan fue reelecto.

Hoy, muchos expertos en la política ven a Cisneros como una brillante estrella en el partido democrático nacional, y como un prominente líder de la comunidad hispana. Hay quienes dicen que algún día llegará hasta la Casa Blanca.

Además de ser reconocido políticamente, también ha recibido honores de numerosos grupos y organizaciones.

Ha recibido importantes galardones, tales como ''Joven más notable de la ciudad de San Antonio'', ''Jóvenes texanos más sobresalientes'', ''Jóvenes

Los cinco tejanos más sobresalientes, seleccionados por los Jaycees de Texas, son de izquierda a derecha: Henry Cisneros, San Antonio; Michael Moore, Houston; Ralph Murillo, El Paso; Glyn Strotter, Dallas; y Mervin Peters, Bryan.

Selwa Roosevelt, Directora de Protocolo, a la derecha, toma el juramento de rigor a los miembros de la Comisión de Asuntos de Centro América (de izquierda a derecha): Henry G. Cisneros, Richard M. Scammon, Carlos F. Díaz-Alejandro, Wilson S. Johnson, Juez de la Corte Suprema Potter Stewart, William P. Clements, Jr., Nicholas F. Brady, Robert S. Strauss, John Silber, William B. Walsh, y Henry Kissinger.

más notables de los Estados Unidos", "Antorcha de la Libertad", "Arbol de la Vida", "Exitos de ex-alumnos" y muchos más.

El señor alcalde ha servido en numerosos comités y mesas directivas. El presidente Reagan le pidió que sirviera en un comité especializado en asuntos de Centro América.

Henry Cisneros es una persona que todo mundo debiera conocer. Es un méxico-americano que como su inmigrante abuelo, cree firmemente en este país.

Orgulloso de sus raíces, el joven alcalde de San Antonio, Texas, ha obtenido grandes logros en lo que lleva de vida. Dirige sus miras hacia metas aun más brillantes, y muchos norte-americanos lo estarán observando, deseándole suerte en su ascendente marcha hacia el futuro.

## HENRY CISNEROS

CRONOLOGIA

| | |
|---|---|
| 1947 | Junio 11—Henry Gabriel Cisneros nace en San Antonio |
| 1961 | Asiste a la escuela secundaria Central Catholic H.S. |
| 1964 | Asiste a la Universidad de Texas A & M |
| 1969 | Junio 1—Se casa con Mary Alice Pérez |
| 1970 | Asiste a la Universidad de Georgetown y trabaja para la Liga Nacional de Ciudades, en Washington, D.C. |
| 1971 | Recibe el nombramiento de "Fellow" de la Casa Blanca; nace su hija Teresa |
| 1973 | Estudia en la Universidad de Harvard y en el Instituto Tecnológico de Massachusetts |
| 1974 | Regresa a San Antonio y empieza a enseñar en la Universidad de Texas |
| 1975 | Es electo concejal; nace su hija Mercedes |
| 1976 | Es seleccionado como uno de los cinco "Jóvenes texanos más sobresalientes" |
| 1981 | Abril 4—es electo alcalde de San Antonio |
| 1983 | Es reelecto alcalde; es nombrado para servir en la comisión de Asuntos de Centro América |
| 1984 | Es entrevistado por Walter Mondale para el cargo de candidato a la vice-presidencia del partido democrático |

SOBRE LA AUTORA

NAURICE ROBERTS ha escrito numerosos cuentos y poemas para niños. Su experiencia incluye trabajo como redactora de textos, personalidad de televisión, anunciadora comercial, maestra de universidad, consultante de comunicaciones y entrenadora del personal. Recibio un B.A. en comunicaciones de radiodifusoras de Columbia College en Chicago, donde vive actualmente. Sus pasatiempos incluyen trabajar con los jóvenes, dar conferencias y ejercitarse corriendo. Ha escrito libros sobre Andrew Young, Barbara Jordan y César Chávez.